CELEBREMOS LAS FIESTAS ESTADOUNIDENSES

¿Por qué celebramos
EL DÍA DE ACCIÓN DE GRACIAS?

Dorothy Jennings

Traducido por Ana María García

PowerKiDS
press

New York

Published in 2019 by The Rosen Publishing Group, Inc.
29 East 21st Street, New York, NY 10010

First Edition

Translator: Ana María García
Editorial Director, Spanish: Nathalie Beullens-Maoui
Editor, Spanish: Rossana Zúñiga
Book Design: Reann Nye

Photo Credits: Cover Bochkarev Photography/Shutterstock.com; p. 4 kali9/E+/Getty Images; p. 6 Everett Historical/Shutterstock.com; pp. 9, 24 American School/Getty Images; p. 10 https://commons.wikimedia.org/wiki/File:A_popular_history_of_the_United_States_-_from_the_first_discovery_of_the_western_hemisphere_by_the_Northmen,_to_%E2%80%A6; p 13 CCI ARCHIVES/Science Photo Library/Getty Images; p. 14 https://commons.wikimedia.org/wiki/File:Thanksgiving-Brownscombe.PNG; p. 17 KidStock/Blend Images/Getty Images; pp. 18, 24 Lyudmila Mikhailovskaya/Shutterstock.com; pp. 21, 24 a katz/Shutterstock.com; p. 22 Ariel Skelley/DigitalVision/Getty Images.

Cataloging-in-Publication Data

Names: Jennings, Dorothy.
Title: ¿Por qué celebramos el Día de Acción de Gracias? / Dorothy Jennings.
Description: New York : PowerKids Press, 2019. | Series: Celebremos las fiestas estadounidenses | Includes index.
Identifiers: LCCN ISBN 9781538333204 (pbk.) | ISBN 9781538333198 (library bound) | ISBN 9781538333211 (6 pack)
Subjects: LCSH: Thanksgiving Day–Juvenile literature.
Classification: LCC GT4975.J48 2019 | DDC 394.2649–dc23

Manufactured in the United States of America

CPSIA Compliance Information: Batch #CS18PK: For Further Information contact Rosen Publishing, New York, New York at 1-800-237-9932

CONTENIDO

El Día de Acción de Gracias se celebra el cuarto jueves de noviembre.

El Día de Acción de Gracias celebra la **fiesta** que los nativos americanos compartieron con los peregrinos en 1621.

Los peregrinos eran un grupo de colonos europeos que llegaron a América en un barco llamado **Mayflower**.

Los nativos americanos vivían en el área de Massachusetts cuando los peregrinos llegaron ahí en 1620.

Los nativos americanos sabían
cazar y cultivar.
Ayudaron a los peregrinos
a vivir mejor,
enseñándoles estas actividades.

14

La primera celebración
de Acción de Gracias
duró tres días.
Comieron maíz, pescado y
venado.

En 1941, el Congreso estableció el Día de Acción de Gracias como un día feriado oficial.

Hoy, celebramos este día cenando con nuestras familias y amigos. El pavo y el pastel de calabaza son platos típicos de esta celebración.

El **desfile** del Día de Acción de Gracias en la ciudad de Nueva York, ¡es uno de los más grandes del mundo!

21

El Día de Acción de Gracias conmemora la historia de Estados Unidos. ¿Cómo lo celebras con tu familia?

Palabras que debes aprender

(la) fiesta

Mayflower

(el) desfile

Índice

Sitios de Internet

Debido a que los enlaces de Internet cambian constantemente, PowerKids Press ha desarrollado una lista en línea de sitios de Internet relacionados con el tema de este libro que se actualiza regularmente. Utiliza este enlace para acceder a la lista:
www.powerkidslinks.com/ushol/thank